de MAR A MAR
TEXAS

de Dennis Brindell Fradin
Versión en español de Aída E. Marcuse

ASESORES

Consejera: Dra. Isabel Schon, Directora
Centro para el Estudio de Libros Infantiles y Juveniles en Español
California State University San Marcos

Amy Jo Baker, Especialista en Programas de Estudios Sociales,
Departamento de Educación, Escuelas de Distrito Independientes, San Antonio

Michael R. Green, Archivista de Libros de Consulta, Biblioteca Estatal de Texas, Austin

Dr. Robert L. Hillerich, Profesor Emérito de la Universidad Estatal de
Bowling Green, Ohio; Asesor de las Escuelas Públicas del Condado Pinellas, Florida.

CHILDRENS PRESS®
CHICAGO

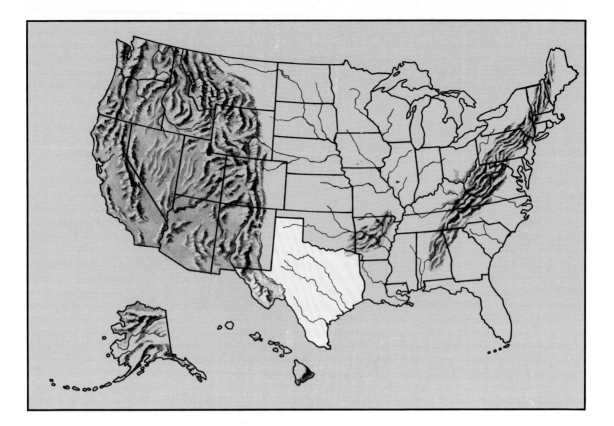

Texas es uno de los cuatro estados de la región suroeste. Los otros estados de esa región son Arizona, Nuevo México y Oklahoma.

A mi querido tío, Harold Brindell

Editora del proyecto: Joan Downing
Directora de diseño: Karen Kohn
Asistente de Documentación: Judith Bloom Fradin
Tipografía: Graphic Connections, Inc.
Fotograbado: Liberty Photoengraving

Catalogado en la Biblioteca del Congreso bajo:
Fradin, Dennis B.
  Texas/por Dennis Brindell Fradin
    p. cm.– (De mar a mar)
  Incluye índices.
  Resumen: Una introducción a la geografía, el clima, la historia, industrias, ciudades principales y gente famosa de Texas.
  ISBN 0-516-33843-9
  1. Texas–Literatura juvenil. [1. Texas.] I. Título.
II. Series: Fradin, Dennis B. De mar a mar.
F386.3.F69 1992   92-9189
976.4–dc20   CIP
                                                        AC

Índice

Una niña junta flores del lupino "el conejo" y las escrofularias llamadas "pinceles nativos"

Introducción al estado de la estrella solitaria

Texas es el mayor de los cuatro estados del suroeste. En realidad, de los cincuenta estados, sólo Alaska es más grande. Texas es famoso por su tamaño y su pintoresca historia. Primero fue gobernado por España, y luego por México. En 1836, los tejanos lucharon por conquistar su independencia. Dos de los más grandes héroes del oeste que tuvo el país pelearon en esa guerra: Sam Houston y Davy Crockett. Durante casi diez años, Texas fue una república independiente. En su bandera brillaba una sola estrella; por eso, Texas es llamado "el estado de la estrella solitaria."

Texas se hizo famoso por sus vaqueros, alguaciles y forajidos. Pero hoy, el estado es más conocido por sus haciendas y sus industrias: es el mayor productor de petróleo, gas natural y ganado vacuno del país.

Texas es también famoso por otras cosas. ¿Dónde está el famoso edificio llamado "El Álamo"? ¿Dónde nacieron los presidentes Dwight D.

Eisenhower y Lyndon B. Johnson?
¿Dónde están el Johnson Space Center
y el Astrodomo de Houston? La
respuesta a estas preguntas es:
¡En Texas!

*Mapa pictórico
de Texas*

Un estado "del tamaño de Texas"

Un estado "del tamaño de Texas"

Para decir que algo es muy grande, se usa la expresión "del tamaño de Texas." Una hacienda "del tamaño de Texas" es enorme. Alguien con un "apetito del tamaño de Texas", tiene mucha hambre. Texas tiene 266.807 millas cuadradas (429.292 kilómetros cuadrados) de superficie; es el segundo estado más grande del país.

*Caracoles en la playa
de Padre Island*

Texas es uno de los cuatro estados de la región llamada "el suroeste." Está limitado por otros cuatro estados: Louisiana y Arkansas al este, Oklahoma al norte, y Nuevo México al oeste. Al sur y suroeste, hay otro país—México. También al sureste está el golfo de México.

Texas ofrece gran variedad de panoramas: montañas, colinas, cañones, praderas, desiertos y pantanos, costas e islas.

Texas tiene más montañas en su extremidad oeste; son parte de la cadena de las Rocallosas. El pico más alto, el Guadalupe, tiene 8.751 pies (2.625 metros). El resto de Texas está formado por llanuras, interrumpidas en algunos sitios por colinas y montañas. Los puntos más bajos del estado están en la Llanura Costera del Golfo, situada a lo largo del

Golfo de México, donde el nivel de Texas está al nivel del mar. Costa afuera están sus islas.

RÍOS, PLANTAS Y ANIMALES

Texas tiene tres ríos famosos. El río Grande forma el límite con México. El río Red; el límite con Oklahoma. El río Pecos atraviesa el oeste de Texas. Otros ríos del estado son: Brazos, Colorado, Sabine y Trinity.

　　El nogal pacanero es el árbol del estado. Otros árboles importantes son el gomífero, robles y pinos.

Izquierda: El Río Grande en Big Hill, Texas

TOPOGRAFÍA

| 5,000 m. 16,404 ft. | 2,000 m. 6,562 ft. | 1,000 m. 3,281 ft. | 500 m. 1,640 ft. | 200 m. 656 ft. | 100 m. 328 ft. | Sea Level | Below |

La "hierba sarracena" es una de las cuatro mil flores silvestres distintas que crecen en Texas.

Cada primavera Texas se cubre de flores silvestres de brillantes colores: hay más de 4.000 especies, entre ellas, "el conejo", un lupino que es la flor del estado.

Casi cuatro millones de ciervos vagan por Texas y también miles de antílopes berrendos. En los pantanos viven caimanes, y en todos lados hay armadillos; unos animales cubiertos de placas óseas parecidas a una armadura. También hay gatos monteses, leones de montaña y coyotes.

CLIMA

Texas generalmente tiene clima cálido. Al sur del estado las temperaturas de verano suelen llegar a 100°F (35°C). Las temperaturas invernales suelen sobrepasar los 50°F (10° C). Pero el invierno es frío al oeste y el norte de Texas. En Amarillo, al norte, nieva cada año. Al este de Texas caen por año 30 pulgadas (75 cms.) más de lluvia que al oeste.

Texas soporta inundaciones, sequías, tornados y huracanes. Las inundaciones de finales de 1991 y principios de 1992 mataron a diez personas. Otras veces, Texas padece largas sequías; es decir, épocas de poca lluvia: entonces las cosechas y las pasturas mueren, y la tierra labrantía vuela por el aire convertida en polvo.

En Texas también hay fuertes tormentas de viento. El estado está en lo que se llama "Senda de los tornados," y cada año hay unos cien, más que en ningún otro estado. El 10 de abril de 1979, un tornado con tres embudos pasó por Wichita Falls y mató a cuarenta y seis personas.

A veces los huracanes arrasan la costa de Texas. En 1900, hubo uno que mató a siete mil personas en Galveston: fue el mayor desastre natural en la historia de los Estados Unidos.

Las montañas Chisos, en Big Bend National Park

11

Desde la antigüedad
hasta nuestros días

DESDE LA ANTIGÜEDAD HASTA NUESTROS DÍAS

Hace millones de años, en Texas vivían muchos animales interesantes. Los dinosaurios vagaban a su antojo, tigres de colmillos de sable merodeaban por el territorio y también había unos caballitos de apenas 15 pulgadas de alto, camellos, mamúts y mastodontes.

LOS AMERICANOS NATIVOS

Los primeros habitantes llegaron a Texas hace unos doce mil años. Cazaban mamuts y mastodontes, y algunos de ellos vivían en cavernas; en las que dejaron paredes cubiertas de pinturas.

Hacia el año 1500, en Texas vivían muchos grupos de americanos nativos. Los Caddos eran un grupo unificado formado por otros veinticinco grupos menores. Vivían al este de Texas y se llamaban *"tejas"*

Los mamuts y los mastodontes son parientes de los elefantes de hoy en día.

Una comunidad agrícola Caddo, del este de Texas, tal como la representara un pintor.

Los Comanches eran uno de los grupos de indígenas que vivían en Texas antes de la llegada de los exploradores españoles.

entre ellos; lo que significa: "amigos." Después, los españoles cambiaron algo la ortografía, a *texas*. Otros grupos eran los Tonkawas, Comanches, Jumanos y Karankawas.

LOS EXPLORADORES ESPAÑOLES

Durante el siglo 16, España conquistó México y otras partes del Nuevo Mundo. Alonso Álvares de Piñeda fue el primer explorador español que llegó a Texas. Exploró sus costas en 1519.

Nueve años después, un barco español naufragó en la costa de Texas. Tres españoles y un esclavo negro, llamado Estevánico, sobrevivieron. Los cuatro viajaron al interior de Texas y encontraron indígenas que les contaron que en la región había ciudades hechas de oro puro. A buscarlas vinieron más españoles a Texas, y, gracias a esas exploraciones, España reclamó el territorio para si.

ESPAÑA GOBIERNA A TEXAS

España no tomó posesión de Texas por muchos años, hasta 1682, cuando frailes españoles fundaron dos misiones donde hoy está El Paso, para catequizar a los indígenas e inculcarles el cristianismo.

Francia también quería quedarse con Texas. En 1685, el explorador francés René-Robert Cavelier, Sieur de La Salle, creó una colonia en la costa que no duró mucho; porque sus hombres murieron de enfermedades o por ataques de los indígenas. Pero esa colonia decidió a los españoles a colonizar Texas.

La misión San José, en San Antonio, fue establecida en 1720.

En 1690 los españoles establecieron una misión al este de Texas y, en los sesenta años siguientes, otras veinte; además de *presidios,* (fuertes), cerca de algunas. Esas misiones y fuertes fueron la cuna de muchas ciudades tejanas. La misión San Antonio de Valero, fundada en 1718, después fue llamada "El Álamo." De ella nació la ciudad de San Antonio.

Durante el siglo 18 llegaron más colonos españoles a Texas; sobretodo de México, para dedicarse a la ganadería. Trajeron consigo ganado de cuernos largos y pusieron *vaqueros* a cargo de ellos. Pero hacia el año 1800 sólo vivían en Texas unos 4.000 colonos; no alcanzaban para administrar una región tan vasta.

LLEGAN LOS ESTADOUNIDENSES

Los Estados Unidos se independizaron de Inglaterra en 1783. El nuevo país se extendía todo a lo largo de la costa del océano Atlántico. Pronto los estadouni-

Stephen Austin (arriba) es llamado el "Padre de Texas."

Los Estados Unidos enviaron más gente a Texas en quince años que la que España y México mandaran en 150 años.

denses continuaron su marcha hacia el oeste, y, a principios del siglo 19 habían puesto los ojos en Texas.

Moses Austin llegó a San Antonio en 1820. Al poco tiempo, le pidió al gobernador que lo dejara establecer una colonia estadounidense. El permiso fue acordado en 1821 y, el mismo año, dos acontecimientos casi malogran ese plan: Moses Austin falleció, y México se declaró independiente de España. Texas pasó a pertenecer a México.

Stephen Austin decidió llevar adelante el plan de su padre y trajo 300 familias de agricultores a Texas. Éstas se establecieron a lo largo del río Brazos, cerca de lo que hoy es Houston. Entre 1821 y 1831 Stephen Austin introdujo en Texas unos 6.000 estadounidenses.

Otra gente también obtuvo permiso de México para fundar colonias, y miles de estadounidenses más vinieron de los estados del sur con sus esclavos, a establecer plantaciones de algodón.

En 1834, un general del ejército llamado Santa Anna, se apoderó del gobierno de México y decidió eliminar los derechos de los tejanos. Para entonces Texas tenía unos 30.000 colonos; la mayor parte de ellos, estadounidenses que no querían ser parte de México.

LA GUERRA DE INDEPENCIA DE TEXAS

La guerra entre México y Texas estalló el 2 de octubre de 1835. Ese día, los estadounidenses vencieron a los mexicanos en Gonzáles, cerca de San Antonio. Poco después, también capturaron Goliad y San Antonio.

En México, Santa Anna reclutó un ejército y se dirigió a San Antonio, donde algunos de los rebeldes se habían refugiado en El Álamo.

El ejército de Santa Anna atacó El Álamo el 3 de febrero de 1836. Los rebeldes, comandados por William Travis, se defendieron. Entre ellos estaban Davy Crockett y Jim Bowie; pero sólo eran 189 hombres contra 5.000 enemigos. Los rebeldes hubieran

Arriba, izquierda: el general mexicano Antonio López de Santa Anna encabeza el ataque contra los defensores de El Álamo (abajo).

La batalla de San Jacinto (arriba) fue librada cerca de lo que hoy es Houston.

podido escapar de El Álamo, pero en cambio, decidieron luchar hasta morir.

Cada día ambos bandos intercambiaron fuego. Al alba del 6 de marzo, los hombres de Santa Anna acometieron contra El Álamo, escalaron las paredes y lograron entrar. Hubo una gran batalla que, hacia las ocho de la mañana; terminó con todos los tejanos muertos. También seiscientos soldados mejicanos murieron.

Los líderes de Texas se habían reunido durante la lucha por El Álamo y, el 2 de marzo de 1836, emitieron la Declaración de Independencia, en la que declaraban a Texas libre de México. Sam Houston fue elegido comandante del ejército tejano.

Santa Anna no tuvo piedad con los rebeldes: el 27 de marzo, en Goliad, hizo fusilar a 350 hombres, prisioneros de guerra. Esto enfureció a los tejanos, quienes más que nunca decidieron obtener su libertad.

Sam Houston esperó el momento oportuno para librar batalla. Éste llegó el 21 de abril de 1836, junto al río San Jacinto. Al grito de "¡Recuerden El Álamo! ¡Recuerden Goliad!" los tejanos aplastaron a las tropas de Santa Anna en la Batalla de San Jacinto. Gracias a esa victoria Texas obtuvo su independencia.

Un país llamado texas

Texas se había liberado de México, pero no formaba parte de los Estados Unidos. Era un país separado, llamado la República de Texas. Sam Houston fue su primer presidente, a finales de 1836. La república emitió su propio papel moneda y creó su bandera.

Sam Houston (arriba) comandó las fuerzas tejanas en la Batalla de San Jacinto.

Abajo: Papel moneda emitido por la República de Texas.

Hacia 1848 vivían en Texas unos 42.000 esclavos.

Hasta hoy es la bandera de Texas. En ella y en el papel moneda aparecía una sola estrella: por eso Texas fue llamada "República de la Estrella Solitaria."

Texas fue un país independiente diez años. Se fundaron nuevas ciudades, como Houston y Galveston, en 1836, Austin en 1839, Dallas, en 1841. Durante todo ese tiempo los tejanos eran agricultores o ganaderos.

Sam Houston quería unir Texas a los Estados Unidos, y los tejanos estaban de acuerdo. Texas fue anexada en marzo de 1845 y, el 29 de diciembre, se convirtió en el vigésimo octavo estado.

Dos conflictos pendientes entre México y los Estados Unidos eran el límite entre México y Texas y a quién pertenecía California. Para resolverlos, los dos países emprendieron la Guerra contra México en 1846. Estados Unidos la ganó en 1848, y fue decidido que el río Grande sería el límite entre Texas y México. Los Estados Unidos obtuvieron además a California y otros territorios del suroeste.

LA GUERRA CIVIL

Texas y otros estados del sur toleraban la esclavitud y, hacia 1848, 42.000 de los 158.000 tejanos eran negros esclavos. Muchos de ellos trabajaban en las grandes plantaciones de algodón.

En los estados del norte, la esclavitud había sido abolida. Los sureños temieron que Abraham Lincoln terminaría también con la esclavitud en el sur y, cuando fue elegido presidente de los Estados Unidos, en noviembre de 1860, los estados sureños abandonaron la Unión. Texas lo hizo en 1861, y, con otros once estados sureños, formó la Confederación de Estados de América.

En abril de 1861, estalló entre los estados confederados (el sur) y la Unión (el norte), la llamada Guerra Civil (1861-1865). Cincuenta mil tejanos se unieron al ejército confederado. Otros 2.000 integraron el ejército de la Unión.

El 13 de mayo de 1865, en Palmito Hill, se libró la última batalla. Los confederados la ganaron . . . ¡pero la Unión había ganado la guerra un mes antes! La noticia todavía no les había llegado a los soldados de Palmito Hill. El 19 de junio de 1865, el gobierno de la Unión liberó a los esclavos de Texas.

Hombres vestidos con trajes de época participaron en este desfile histórico en Granbury.

SENDAS DE TROCHA Y FERROCARRILES

La Guerra Civil causó la ruina de las plantaciones tejanas. No había más esclavos para cultivar el algodón, así que los tejanos decidieron dedicarse más que nunca a la ganadería. De 1866 a 1880, los vaqueros llevaban el ganado al mercado por sendas de trocha abiertas entre Texas y el norte.

La llegada del ferrocarril terminó con ese sistema de transporte. En la década de 1880, los ferrocarriles empezaron a llevar el ganado a los mercados norteños. También trajeron más colonos a Texas.

Los nuevos colonos decidieron expulsar a los indígenas de Texas, y, aunque los Comanches y otras tribus del oeste resistieron, no lograron derrotarlos, ni a los soldados de los Estados Unidos. Hacia 1890, la mayoría de los indígenas de Texas había sido enviada a reservaciones en Oklahoma.

Marcando el ganado en una hacienda de Texas

PETRÓLEO, GUERRAS MUNDIALES Y DEPRESIÓN

En Texas se encontró petróleo en 1866, pero las grandes cantidades surgieron recién en 1901. Anthony Lucas perforaba en Spindletop Hill, cerca de Beaumont, el 10 de enero, cuando surgió un chorro de petróleo que subió a 200 pies (60 metros) de altura. El hallazgo se llamó el "surtidor de Spindletop."

Pronto cientos de trabajadores vinieron a Texas y perforaron más pozos. Texas se volvió el mayor estado productor de petróleo en 1928, y aún lo es hoy.

En 1917, los Estados Unidos entraron en la Primera Guerra Mundial (1914-1918). Más de 200.000 tejanos lucharon en ella.

James E. "Pa" Ferguson gobernó a Texas durante la guerra. Ayudó a los pequeños propietarios agrícolas y fundó escuelas rurales. Miriam A. "Ma" Ferguson, su mujer, gobernó Texas de 1925 a 1927 y entre 1933 y 1935. Fue la segunda mujer gobernador que tuvo el país, y combatió al Ku-Klux Klan en Texas, un grupo que fomentara el odio y aterrorízara a los negros durante años. Además ayudó a los pobres del estado durante la Gran Depresión (1929-1939).

Durante la Segunda Guerra Mundial (1939-1945), los tejanos trabajaron en la fabricación de aviones y barcos. La mitad del petróleo gastado en ella provino

Miriam "Ma" Ferguson (abajo) fue la segunda mujer gobernador de la nación. Nellie Tayloe Ross, de Wyoming, había sido la primera, elegida ese mismo año.

El tejano Audie Murphy fue un héroe de la Segunda Guerra Mundial.

Lyndon B. Johnson fue presidente de 1963 a 1969.

de Texas. 750.000 tejanos sirvieron en la guerra. Uno de ellos, Audie Murphy, de Farmersville, ganó más medallas que ningún otro soldado americano. Durante una batalla, Murphy mantuvo a raya él solo a 250 enemigos. El general Dwight D. Eisenhower, otro nativo de Texas, fue el comandante supremo de las fuerzas aliadas en Europa durante esa guerra.

TEXAS Y LA PRESIDENCIA DE LA NACIÓN

Desde la Segunda Guerra Mundial, Texas mantuvo estrechas relaciones con la presidencia de la nación. Dwight D. "Ike" Eisenhower fue presidente desde 1953 hasta 1961. Ese año, John F. Kennedy, de Massachusetts, fue elegido presidente y Lyndon B. Johnson un tejano, vicepresidente.

El 22 de noviembre de 1963, Kennedy visitaba Dallas. La multitud lo vitoreaba cuando pasaba en coche con el gobernador de Texas, John Connally. Johnson viajaba en otro coche. De pronto sonaron disparos, y Kennedy y Connally resultaron heridos. Connally sobrevivió, pero el presidente murió poco después. El vicepresidente Lyndon B. Johnson se convirtió así en el trigésimo sexto presidente del país.

Johnson luchó por darles derechos civiles a los negros. En los años sesenta, los negros sureños no podían votar y los niños negros no podían ir a las escuelas de los blancos. Durante la presidencia de Johnson, se abolieron las leyes que impedían votar a los negros y Texas y otros estados sureños integraron sus escuelas. Los niños blancos y negros podían ir a las mismas escuelas.

El presidente Johnson continuó el esfuerzo por conquistar el espacio. El Centro de Naves Espaciales Tripuladas, inaugurado en Houston en 1964, dirigió en julio de 1969 el vuelo espacial más famoso de la historia: el primer "alunizaje" humano en la luna. Luego el centro fue rebautizado Johnson Space Center..

Estos cohetes de la NASA están en exhibición en el Johnson Space Center de Houston.

George Bush fue elegido en 1989 cuatrigésimo primer presidente de los Estados Unidos. Nacido en Massachusetts, Texas también lo reclama; pues Bush dirigió compañías petroleras entre 1950 y 1960 y fue miembro del Congreso por Texas entre 1967 y 1971.

AUMENTO DE POBLACIÓN Y PROBLEMAS "DEL TAMAÑO DE TEXAS"

Texas tuvo un aumento de población tan grande últimamente, que ésta se duplicó entre 1950 y 1990: los tejanos pasaron de 7.7 millones a 16.9 millones.

Mucha gente vino buscando trabajo. Las industrias petroleras prosperaban y se construían casas y edificios. Pero ahora en Texas escasean los empleos. Durante los años 1980, el petróleo y el gas bajaron de precio. Muchos de los edificios nuevos quedaron vacíos y otras industrias se desplomaron. En 1992, Texas tenía una de las tasas de desempleo más altas del país.

El desempleo trajo pobreza. Al comienzo de 1990, 25% de los niños de Texas eran pobres. La franja que limita con México es una zona muy pobre.

Texas también necesita mejorar las escuelas: la sexta parte de sus adultos no sabe leer ni escribir. En muy pocos otros estados hay tantos analfabetos.

Los analfabetos son personas que no saben leer ni escribir.

La contaminación es otro problema. El río Grande y el río Colorado están sucios en algunas partes. En la costa del Golfo han habido derrames de petróleo. Compañías químicas contaminaron la atmósfera y el agua con sustancias peligrosas.

Ann Richards fue elegida gobernador en 1990; es la segunda mujer que gobierna a Texas. Ella y otros tejanos enfrentan con decisión los problemas del estado: una de sus prioridades es mejorar las escuelas en los barrios pobres.

En 1992, empezó la lotería en Texas. El dinero que provee se dedicará a mejoras en el estado.

Ann Richards celebrando su victoria la noche que ganó la elección y fue nombrada gobernador de Texas.

En qué trabajan los tejanos

En qué trabajan los tejanos

El censo de los Estados Unidos contó 16.986.510 tejanos en 1990. Sólo California y New York tienen más habitantes. Seis de las treinta ciudades más grandes del país están en Texas: Houston, Dallas, San Antonio, El Paso, Austin y Fort Worth, más que en ningún otro estado.

Los tejanos son una interesante mezcla de gente. Tres cuartas partes de ellos son blancos, un octavo, negros. En Texas viven 4.300.000 hispanoamericanos, cuyo idioma de origen es el español, más que en cualquier otro estado, excepto California. 333.000 tejanos son de origen asiático y unos 65.000 son indígenas. Esta mezcla agrega sabor a la vida en Texas . . . ¡y también a su comida! Platos mejicanos como chile, tacos y burritos son muy populares. El chile es el plato nacional del estado.

En Texas viven personas de muy distintos orígenes raciales y étnicos.

Texas honra a sus héroes en varios feriados: el 19 de enero es el Día de los Héroes de la Confederación; conmemora a quienes lucharon en la Guerra Civil. El 19 de junio, el Día de la Emancipación, celebra la liberación de los esclavos en 1865. Muchas ciudades de Texas tienen festivales

Una muchacha vaquera, cerca de Laredo.

de estilo mejicano, llamados *fiestas*.

Texas también es famoso por sus rodeos. En ellos, tanto los vaqueros como las muchachas vaqueras exhiben sus habilidades corcoveando potros y enlazando vacas.

CÓMO SE GANAN LA VIDA

Texas es uno de los principales estados en industrias manufactureras, mineras, agrícolas y pesqueras. Si fuese un país, sería uno de los más ricos del mundo.

Un millón de tejanos trabajan produciendo artículos. Texas es el principal productor de productos químicos, petróleo refinado y plásticos. Está entre los cinco mayores productores de alimentos, y entre los principales constructores de aviones y pinturas.

1.700.000 tejanos venden mercaderías. 1.600.000 trabajan en las industrias de servicios; como abogados, en hotelería, son enfermeras y médicos. Más de un millón trabaja para el gobierno, muchos de ellos, en bases del ejército y la fuerza aérea.

La minería emplea unos 250.000 tejanos. El estado es el primer productor del país en extracción de petróleo y gas natural. Los coches consumen gasolina proveniente del petróleo tejano y muchas casas del país son calentadas con su gas natural. El estado

Alaska y Texas corren parejo como estados mayores productores de petróleo del país.

30

de la Estrella Solitaria es el productor principal de helio; un gas liviano que se usa en los cohetes espaciales y para llenar globos científicos aeroestáticos.

Texas tiene unas 185.000 plantaciones y haciendas; muchas más que ningún otro estado, y es el principal criador de ganado vacuno. También es el mayor criador de caballos y ovejas; y el principal productor de algodón y sandías. Texas está entre los principales productores de arroz, maníes, pacanas y heno. Toronjas, naranjas y pepinos son cultivos importantes. También azúcar, remolachas, tomates, lechugas y leche son productos agrícolas de Texas.

El Golfo de México le permite a Texas ser un importante estado pesquero: está entre los principales productores de langostinos. Cangrejos y ostras también son mariscos tejanos. El pez roncador, lenguados y pargos asimismo se pescan en sus costas.

Un obrero en una instalación petrolera en el Golfo de México.

En Texas hay quince millones de cabezas de ganado.

Un viaje por el estado de la Estrella Solitaria

UN VIAJE POR EL ESTADO DE LA ESTRELLA SOLITARIA

Texas ofrece mucho que ver y hacer; hay algo para cada gusto. Las grandes y pequeñas ciudades cuentan su historia. Los turistas disfrutan sus playas, llanuras y montañas. Los tejanos por lo general son amistosos y viven de acuerdo al lema estatal: "Amistad."

EL "PANHANDLE" DE TEXAS

El "Panhandle" es un buen lugar para empezar un viaje por Texas. Esta parte del noroeste del estado tiene forma de mango de sartén u olla, de ahí su nombre.

El Panhandle produce mucho del petróleo y el gas natural del país; también es el mayor productor de helio del mundo. El Helium Monument, en Amarillo, celebra este hecho.

Amarillo es la ciudad más grande del Panhandle. Comenzada en 1887, creció a lo largo de las vías del

Los caballos "quarter" americanos (abajo), se crían en haciendas de la zona de Amarillo. Fueron la primera raza de caballos criada en los Estados Unidos.

ferrocarril. Está en la región ganadera, y es un centro distribuidor de carnes. Los caballos "quarter" americanos se crían en haciendas del área.Fuertes y de patas firmes, siempre fueron los favoritos de los vaqueros.

El río Red, en Palo Duro Canyon State Park

Palo Duro Canyon State Park (Parque Estatal del Cañón de Palo Duro), cerca de Amarillo, tiene un teatro al aire libre. En este cañón de 1.200 pies (360 metros) de profundidad, se presenta en verano el espectáculo *Texas,* que cuenta la historia de los pueblos del Panhandle.

Al sur de Amarillo está Hereford, nombrada por el ganado de la zona. La Galería de la Fama de las Vaqueras, en Hereford, honra a las mujeres que contribuyeron a colonizar y levantar las haciendas del oeste. Cada verano hay en Hereford un rodeo para mujeres y jovencitas.

En el Panhandle hay dos refugios de fauna silvestre. En Buffalo Lake National Wildlife Refuge (Reserva Nacional del Lago Buffalo), cerca de Hereford, invernan cantidades de patos y gansos. En Muleshoe National Wildlife Refuge (Reserva Nac. Muleshoe) cerca de la ciudad de Muleshoe, anida una gran población de grullas de las dunas.

OESTE DE TEXAS

El Guadalupe Peak es el punto más alto de Texas.

Lubbock, al sur de Amarillo, fundada entre 1890 y 1891, fue cuartel general de los cazadores de búfalos. Hoy, es centro de la mayor región algodonera del país. Allí, en Ranching Heritage Center (Centro del Patrimonio Ranchero); treinta edificios antiguos muestran cómo era la vida de los pioneros.

Midland y Odessa están al sur de Lubbock, en otra región productora de petróleo. En ellas hay muchas compañías petroleras. El Odessa Meteor Crater, en las afueras de Odessa, fue formado por un meteorito que cayó allí hace más de 20.000 años.

Guadalupe Mountains National Park queda entre Odessa y El Paso. Es un parque nacional de profundos cañones y altos picos montañosos, como el Guadalupe Peak, el punto más alto del estado y El Capitán, otro pico impresionante.

El Paso está en la esquina oeste del estado. El río Grande la separa de Juárez, en México. Fue la primera región de Texas colonizada por los europeos. La misión española más antigua del estado, Ysleta Mission, está en El Paso. Fue construída en 1682 para los indígenas Tigua.

El Paso es un gran centro de confección de ropa, y también posee refinerías de petróleo y plantas procesadoras de alimentos. Fort Bliss, un famoso puesto del ejército, queda cerca de allí.

Río abajo de El Paso está Big Bend National Park, en un gran recodo del río Grande. Hace mucho tiempo, los dinosaurios vagaban por las montañas, los

Ysleta Mission, en El Paso.

En Big Bend (abajo) se han visto más pájaros que en ningún otro parque nacional de los Estados Unidos.

cañones y los desiertos de esta área. Hoy, ciervos, coyotes y leones de montaña viven en el parque.

El río Pecos es otro río importante del oeste de Texas. Desemboca en el río Grande, al este del parque nacional.

AUSTIN Y SAN ANTONIO

Austin, la capital del estado, está cerca del centro de Texas. Fue fundada en 1839. Los legisladores tejanos se reúnen en el capitolio de Austin; un edificio muy parecido al de Wáshington D.C. En su interior hay esculturas de Stephen Austin y Sam Houston, realizadas por Elisabet Ney, una escultora alemana. Ney se mudó a Austin en 1892. Muchas de sus obras se conservan en el Elisabet Ney Museum.

La Universidad de Texas en Austin está entre las más grandes de América. En el Texas Memorial Museum de la universidad se exhiben objetos relacionados con la historia de Texas desde los dinosaurios hasta hoy.

Al oeste de Austin está Stonewall; allí nació y murió el presidente Lyndon B. Johnson. Johnson creció en Johnson City; tanto su lugar de nacimiento, Stonewall como Johnson City, pueden visitarse.

Estas niñas de origen hispánico actúan en San Antonio. Forman parte de un grupo de bailes folclóricos.

Al suroeste de Austin está San Antonio; la tercer ciudad más grande de Texas, apodada "Álamo City". La famosa misión donde los tejanos lucharon por su independencia puede visitarse. En San Antonio hay otras cuatro misiones españolas. La misión San José, llamada "la reina de las misiones", da buena idea de cómo era la vida en una misión.

Alrededor del 60% de los habitantes de San Antonio habla español como idioma materno. La mayoría de ellos tiene raíces en México. En La Villita, se ha restaurado la historia española de San Antonio como era hace 250 años.

Hoy, San Antonio es famosa por su "River Walk", un paseo de veintiuna cuadras bordeado de tiendas,

Una ballena actuando en el Sea World de Texas.

hoteles y cafés, junto al río San Antonio. En el río, la gente pasea en botes a remo o taxis acuáticos.

En el Sea World de Texas pueden verse ballenas, delfines y otros animales marinos. La ciudad posee además un equipo de baloncesto profesional, el San Antonio "Spurs."

LA FRONTERA SUR Y LA COSTA DEL GOLFO

Laredo, al suroeste de San Antonio, está a orillas del río Grande. Un puente sobre el río la conecta con México. En Laredo viven muchos americanos de origen mexicano.

Brownsville, la ciudad más al sur del estado, también está junto al río Grande. Al este de Brownsville está Palmito Hill Battlefield, donde se libró la última batalla de la Guerra Civil. Hoy, la industria naviera y la pesca submarina son muy importantes en Brownsville.

Corpus Christi, una expresión latina, significa: "Cuerpo de Cristo."

La costa de Texas se alarga casi 400 millas. La región, llamada Costa del Golfo, está a lo largo del Golfo de México. El puerto de Corpus Christi, una de sus ciudades, está entre los más activos del país.

Muchas islas de la Costa del Golfo están conectadas con tierra firme por medio de puentes. Padre Island queda justo enfrente de Corpus Christi.

40

Galveston Island queda al norte de Corpus Christi. La ciudad de Galveston, un centro de distribución de algodón, está en ella. Sus playas la han convertido en un popular centro turístico. Hoy, un rompeolas protege la ciudad contra huracanes, pero en 1900 éste no existía. En el Galveston County Museum están expuestos los restos del terrible huracán de 1900.

Houston, al noroeste de Galveston, comenzada en 1836, hoy es la ciudad más grande de Texas. El descubrimiento de petróleo a principios del siglo 20 aceleró su crecimiento. La región de Houston es el mayor centro refinador de petróleo de los Estados Unidos, y muy importante por sus industrias químicas.

En el Galveston´s Railroad Museum se ha recreado cómo era una estación de tren en los años 1930.

Corpus Christi

En el Johnson Space Center, al sureste de Houston, se dirigen muchos proyectos espaciales. Algunos de ellos han enviado astronautas al espacio exterior. Allí es donde se entrenan.

El Astrodomo es otro punto interesante de Houston; donde los "Astros" de Houston juegan al béisbol, y los "Petroleros", al fútbol. Houston también tiene un equipo de baloncesto profesional; los "Cohetes".

San Jacinto Battleground State Historic Park, cerca de Houston, es el sitio donde Sam Houston y sus hombres conquistaron la independencia de Texas en 1836.

El Houston Ship Channel pasa cerca del San Jacinto Monument. Este canal conecta Houston con

En el Centro de Visitantes del Johnson Space Center (abajo) están expuestos muchos equipos de navegación espacial.

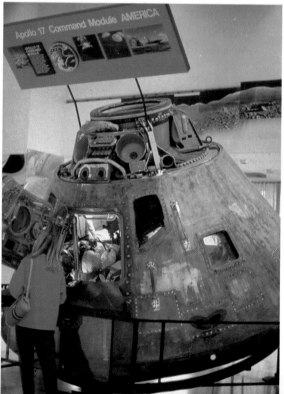

el Golfo de México. El puerto de Houston es el tercero más activo del país.

EL ESTE Y EL NORTE DE TEXAS

Nacogdoches está al este de Texas y al norte de Beaumont. Es uno de los pueblos tejanos más antiguos; nació de una misión española fundada en 1716. El primer periódico de Texas fue publicado en Nacogdoches en 1813. Hoy, Nacogdoches es el principal centro de cultivo de pinos de Texas.

Texarkana, en la esquina noreste del estado, tiene una parte en Texas y la otra en Arkansas. State Line Avenue separa los dos estados. En las fábricas de Texarkana se hacen neumáticos, muebles y alimentos. Los lagos y ríos cercanos proveen buena pesca.

Dallas queda al oeste de Texarkana. Fundada en 1841, su apodo es "Gran D". El petróleo, descubierto en la región en 1930, apresuró su crecimiento: hoy "Gran D" es la segunda ciudad del estado, un importante centro banquero y de compañías de seguros, y el tercer centro de moda del país.

Dallas fue un gran centro algodonero; por eso el estadio de Fair Park es llamado el "Cotton Bowl." Cada año nuevo se disputa allí un famoso partido de fútbol universitario.

El NCNB Center, en Houston

43

Los "Vaqueros", de Dallas, campeones del Super Bowl en 1978, llevando en andas a su entrenador, Tom Landry.

Se dice: "Seis banderas sobre Texas" porque Texas ha estado bajo seis banderas: las de Francia, España, México, la república de Texas, la de la Confederación de Estados de América, y la de los Estados Unidos.

En la plaza John F. Kennedy Memorial hay un monumento al fallecido presidente, a 200 metros de donde fuera abatido. En el Dallas's Sixth Floor Museum hay exposiciones relativas al asesinato.

Dallas tiene equipos profesionales de fútbol y baloncesto. Los "Mavericks" juegan baloncesto en Dallas, y los "Vaqueros" juegan fútbol al oeste, en la vecina Irving.

Al oeste de Dallas está Fort Worth, que comenzó en 1849 como un puesto de avanzada del ejército y un famoso pueblo de vaqueros. Hoy priman allí las compañías de aviación y petroleras. Los negocios ganaderos siguen siendo importantes.

En Fort Worth hay algunos museos muy interesantes. El Amon Carter Museum of Western Art es uno: en él hay obras de Frederic Remington y otros artistas del oeste. El Cattleman's Museum cuenta la historia de las haciendas ganaderas del suroeste.

Arlington está entre Dallas y Fort Worth; "Seis banderas sobre Texas" está allí, y hay un famoso parque de diversiones. En el Arlington Stadium, los "Texas Rangers" juegan béisbol profesional.

Wichita Falls, al norte de Texas, creció gracias al auge petrolero de principios del siglo. Hoy hay en ella 150 compañías industriales que producen placas de vidrio, motores y barrenos para la industria petrolera.

Vernon queda al noroeste de Wichita Falls; cerca del río Red. Es un buen lugar para terminar nuestro viaje por Texas. La hacienda más grande del país está entre Vernon y Wichita Falls; es el Waggoner Ranch, de 850 millas cuadradas de superficie.

En el Red River Valley Museum, en Vernon, se exhiben objetos de los indígenas y los pioneros; así como esculturas de Electra Waggoner Biggs, un miembro de la familia ganadera Waggoner.

Vernon es un pueblo especial. Un tornado mató a once personas, hirió a muchas más y parcialmente lo destruyó en 1979. Todos sus habitantes se unieron con la meta común de reconstruirlo.

Vista de Dallas contra el horizonte, al crepúsculo.

Galería de tejanos famosos

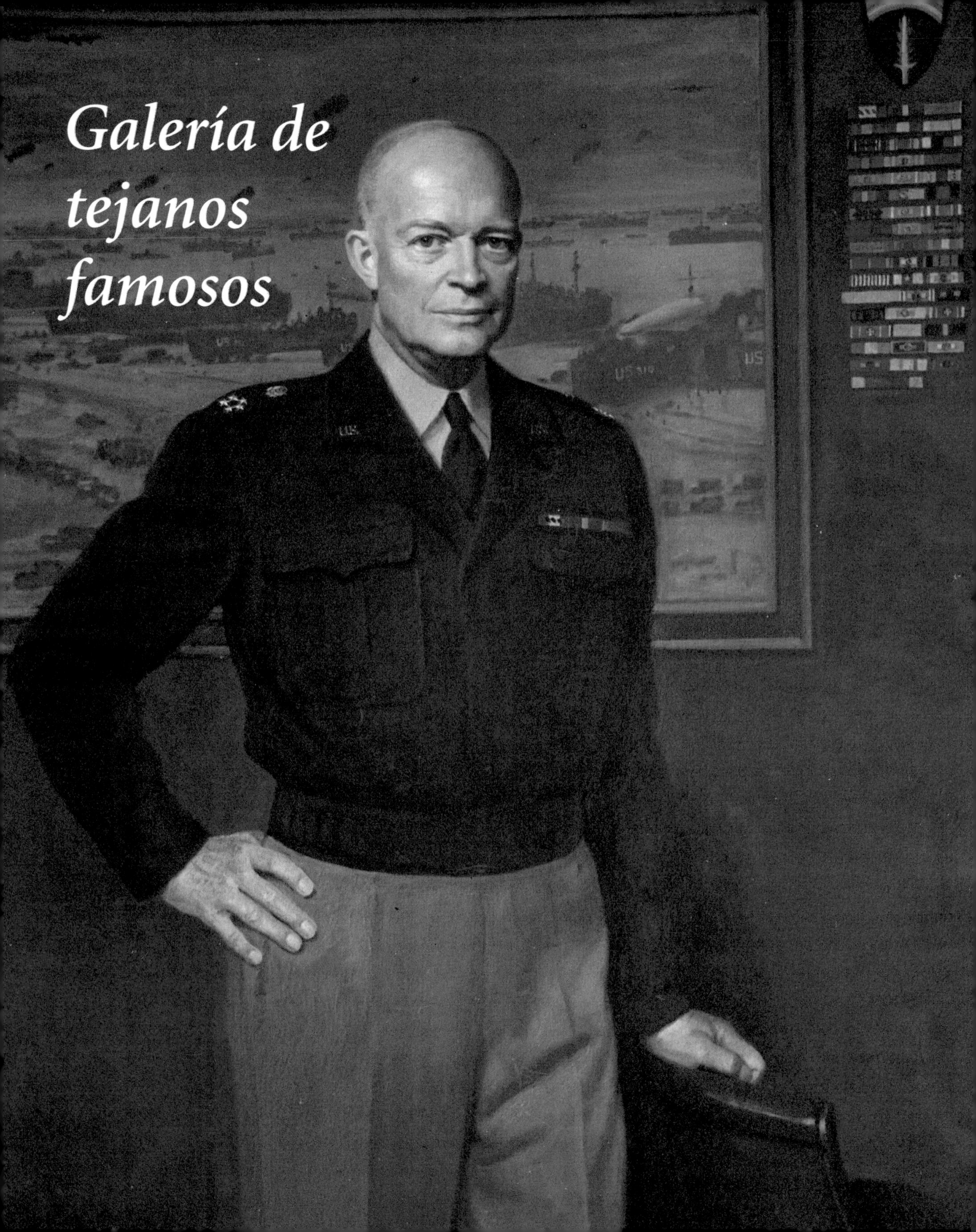

Galería de tejanos famosos

El colonizador de la frontera Davy Crockett

Muchos tejanos son mundialmente famosos. Entre ellos hay estrellas del béisbol, cantantes, actores y escritores. Líderes del gobierno, incluyendo a dos presidentes, también nacieron en Texas.

David "Dave" Crockett (1786-1836) nació en Tennessee. Fue un famoso cazador de osos, cuentista y legislador de Tennessee. Se mudó a Texas en 1835 y luchó por su independencia. Murió en 1836, con los demás defensores de El Álamo. Sobre él se han hecho muchas películas, espectáculos de televisión y canciones.

Samuel "Sam" Houston (1793-1863) se asentó en Texas en 1835 y comandó el ejército que liberó la región del dominio de México. Houston fue después el primer presidente de la República de Texas y, cuando Texas se convirtió en un estado, su primer gobernador.

Quanah Parker (1845-1911) nació cerca de lo que hoy es Lubbock. En 1867 se convirtió en cacique comanche y dirigió ataques contra los puestos de frontera. En 1874, su gente fue derrotada y todos los comanches fueron forzados a vivir en reservaciones en

Quanah, Texas, cerca del río Red, fue nombrada por el cacique comanche Quanah Parker.

47

Oklahoma. Allí, Parker fundó escuelas indígenas y les enseñó a los suyos las técnicas agrícolas modernas.

John Nance Garner (1868-1967) nació en el condado Red River. Fue vicepresidente de Franklin D. Roosevelt (1933-1941). Después vivió en a su hacienda tejana, hasta los noventa y nueve años.

Dwight D. Eisenhower (1890-1969) nació en Denison. Fue un general muy famoso. Durante la Segunda Guerra Mundial comandó a las fuerzas aliadas en Europa. En 1952 fue elegido presidente de los Estados Unidos, y ocupó ese puesto hasta 1961.

Lyndon B. Johnson (1908-1973) nació cerca de Stonewall. Primero fue diputado en el Congreso, y

Lyndon Johnson con su familia en el LBJ Ranch, en 1954.

luego senador por Texas. En 1960, se convirtió en el vicepresidente de John F. Kennedy. Cuando Kennedy fue asesinado en 1963, Johnson asumió la presidencia.

Oveta Culp Hobby nació en Killeen en 1905. Fundó el Women´s Army Corps (Rama Femenina del Ejército, o WAC) y, en 1953, fue la primera secretaria de estado para la salud, educación y bienestar social.

El líder de derechos civiles **James Farmer** nació en Marshall, en 1920. En 1942, ayudó a fundar el Congreso por la Igualdad Racial (CORE), un grupo que lucha por obtener la igualdad de derechos para los negros.

Barbara Jordan nació en Houston en 1936. En 1967, se convirtió en la primera mujer negra elegida al senado de Texas. En 1972, fue la primer mujer negra sureña en la Cámara de Representantes.

Henry Cisneros nació en San Antonio en 1947. A los veintiún años decidió que quería llegar a ser alcalde de su ciudad. Cisneros alcanzó su meta en 1981: fue el primer alcalde estadounidense de origen mejicano de una gran ciudad. Cisneros conservó el puesto hasta 1989.

Ann Richards nació cerca de Waco en 1933. En 1990 fue elegida gobernador de Texas.

La escritora **Katherine Anne Porter** (1890-1980) nació en Indian Creek.Escribió muchos cuentos

La abogada y política Barbara Jordan

El político Henry Cisneros

El bailarín y coreógrafo Alvin Ailey

El actor Steve Martin.

famosos y recibió el Premio Pulitzer en 1966. De su popular novela, *El barco de los tontos,* fue hecha una película. El escritor **J. Frank Dobie** (1888-1964) nació en el condado de Live Oak. Dobie escribió muchos libros sobre los vaqueros y pioneros de Texas.

El compositor **Scott Joplin** (1868-1917) nació en Texarkana. Se hizo conocido como "el rey del ragtime", una vivaz música para piano. El bailarín **Alvin Ailey** (1931-1989) nació en Rogers. Compuso muchas obras y tenía su propia compañía de baile.

La estrella de cine **Joan Crawford** (1908-1977) nació en San Antonio. Ganó el Premio de la Academia a la Mejor Actriz en 1945. La actriz de teatro **Mary Martin** (1931-1990) nació en Weatherford. Uno de sus papeles preferidos fue el de Peter Pan. El actor **Steve Martin** nació en Waco en 1945.

Gene Autry nació en Tioga en 1907. Actuó como vaquero cantante en películas del oeste, y también escribió muchas canciones. Hoy, es dueño del equipo de béisbol "Ángeles", de California. El cantante de música del oeste **Willie Nelson** nació en Waco en 1933.

Denton Cooley nació en Houston en 1920, y se convirtió en un gran cirujano del corazón. En 1969, colocó en un paciente el primer corazón artificial.

Muchos tejanos fueron grandes atletas. **Jack Johnson** (1878-1946), de Galveston, fue el primer negro campeón de boxeo en la categoría pesos pesados. El golfista **Ben Hogan** de Dublin, Texas, en 1949, fue malherido en un accidente automovilístico y se pensó que no volvería a caminar más. Pero lo logró y hasta ganó seis títulos más. La estrella de golf **Lee Trevino** nació en Dallas en 1939.

El famoso corredor de carreras **A. J. Foyt** nació en Houston en 1935. **Johnny Rutherford,** otro campeón de carreras, nació en Fort Worth en 1938.

Mary Martin (derecha) en su papel como Peter Pan.

El corredor de carreras A. J. Foyt.

La atleta Babe Didrikson Zaharias

El lanzador de béisbol Nolan Ryan

El jockey **Willie Shoemaker** nació en Fabens en 1931. Ganó 8.833 carreras de caballos; más que ningún otro jockey.

Una de las mejores mujeres atletas de la historia nació en Port Arthur: **Mildred "Babe" Didrikson Zaharias** (1914-1956). Zaharias ganó dos medallas de oro en las olimpíadas de 1932, una por lanzar la jabalina y la otra en carreras de vallas. También fue estrella de baloncesto y de golf.

El estado de la Estrella Solitaria también ha brillado en el diamante del béisbol. **Tris Speaker** (1888-1958) nació en Hubbard. Suya es aún la marca máxima en dobles: 793. **Rogers Hornsby** (1896-1963) nació en Winters. En 1924, el promedio de bateos de Hornsby fue 424; el promedio más alto de la historia moderna del béisbol.

Frank Robinson nació en Beaumont en 1935. Robinson logró 586 jonrones en su carrera; está cuarto en la lista de mejores jonroneros de todos los tiempos. Los jonroneros **Ernie Banks** y **Eddie Matthews** nacieron en Texas en 1931: Banks, en Dallas y Matthews en Texarkana. Ambos lograron 512 jonrones.

El fantástico lanzador **Nolan Ryan** nació en Refugio en 1947. Para la temporada de 1992, había lanzado 5.511 batazos incogibles, el mayor número

de la historia del deporte, y también lanzó él en siete partidos donde el bateador no pudo batear la pelota. Ésa es otra marca insuperada.

El jockey Willie Shoemaker

Cuna de Nolan Ryan, Bárbara Jordan, Lyndon B. Johnson, y Babe Didrikson Zaharias . . .

Hogar de Stephen Austin, Sam Houston, Elisabet Ney y George Bush . . .

El segundo estado más grande, y el mayor productor de petróleo, ganado vacuno, caballos y algodón . . .

El lugar donde están El Álamo, el Astrodomo y el Johnson Space Center . . .

¡Es Texas—el estado de la Estrella Solitaria!

¿Sabías que...?

Una marca, o "herra" era puesta al ganado para señalar a quien pertenecía. El tejano Samuel Maverick no herraba su ganado; por ello se les llamaba "cimarrones." Hoy, se llama así a personas que no hacen las cosas como todo el mundo. Los aficionados ayudaron a elegir ese nombre para el equipo de béisbol profesional de Dallas.

En Bracken Cave, cerca de San Antonio, vive una de las mayores colonias de murciélagos del mundo. A veces, en la caverna hay hasta 20 millones de esos animales.

En Texas hay muchos pueblos con nombres poco comunes. Trickham, Texas, fue primero llamado Trick´Em. Uno de sus tenderos engañaba a sus clientes. Un pueblo llamado West está al este de Texas. También hay pueblos llamados: Happy, Oatmeal, Gun Barrel City, Sundown, Panhandle, Sugar Land, Lone Star, Cactus, Earth y Buffalo. Una comunidad llamada Ding Dong estaba en Bell County.

Los estadounidenses pueden agradecerle al general Santa Anna por el chicle. En 1867, Santa Anna estaba en Nueva York, y la gente lo vio mascar algo, pero sin tragarlo. Santa Anna les explicó que era una sustancia proveniente de los árboles. Años después, los estadounidenses empezaron a fabricar chicles.

El cirujano del corazón Denton Cooley tocaba en una orquesta de médicos solamente. Se llamaban a sí mismos los "Heart Beats."

H. Ross Perot, Jr. y Jay Coburn, de Dallas, realizaron el primer vuelo alrededor del mundo en helicóptero, en el *Spirit of Texas*, en septiembre de 1982.

A finales del siglo 19, la mayoría de los vaqueros tejanos eran negros

En 1986, Roy Whetsline, de Longview, Texas, pagó diez dólares por una piedra parecida a una papa. Resultó ser un zafiro estrella, valuado en más de $ 2 millones.

Elizabeth Watson fue nombrada jefa de policía en Houston en 1990. Es la primera mujer que comanda la policía de una gran ciudad.

Del disco de Gene Autry: "Rudolph, the Red-Nosed Reindeer" se vendieron más de 50 millones de copias.

Una niña nacida en Beaumont en 1984 detenta el récord del nombre más largo en su partida de nacimiento. Se llama Rhoshandiatellyneshia-unneveshenk Koyaanisquatsiuty Williams. Poco después, su nombre fue alargado a 1.019 letras.

Los "Vaqueros", de Dallas, ganaron el Super Bowl en 1972 y 1978.

Muchos tejanos famosos fueron maestros. Sam Houston y William Travis enseñaron en escuelas antes de convertirse en héroes en Texas. Lyndon B. Johnson enseñó en escuelas de segunda enseñanza de Houston antes de ser presidente. Mary Martin dirigía una escuela de baile antes de hacerse famosa como actriz y cantante. Ann Richards, gobernadora de Texas, recuerda sus años como maestra en escuelas de segunda enseñanza como: "el trabajo más duro de mi vida."

La secretaria de Dallas Nesmith Graham inventó un líquido blanco para cubrir sus errores tipográficos. Primero nombrado "Mistake Out," ahora es llamado "Liquid Paper." Millones de personas corrigen con él los errores que cometen escribiendo a máquina.

Informaciones sobre Texas

Bandera del estado

Sinsonte

El chile

Área: 266.807 millas cuadradas (el estado es el segundo más grande del país)

Distancia máxima de norte a sur: 737 millas

Distancia máxima de este a oeste: 774 millas

Límites: Arkansas y Louisiana al este; Oklahoma al norte; New Mexico al oeste; México al sur y al suroeste y el Golfo de México al sureste

Altura máxima: Pico Guadalupe, 8.751 pies sobre el nivel del mar

Punto más bajo: A nivel del mar, a lo largo del Golfo de México

Temperatura máxima registrada: 120° F (En Seymour, 8/12/1936)

Temperatura mínima registrada: -23° F (en Tulia, el 12 de febrero de 1899 y otra vez en Seminole, el 8 de febrero de 1933)

Estado: Vigésimo octavo, desde el 29 de diciembre de 1845

Origen del nombre: *Texas* proviene de la palabra de los indígenas Caddo *"tejas"*, que significa "amigos"

Capital: Austin

Condados: 254 (mayor número de condados que ningún otro estado del país)

Senadores de los Estados Unidos: 2

Representantes en el Congreso de los Estados Unidos: 30 (en 1992)

Senadores estatales: 31

Miembros del Congreso del Estado: 150

Canción del estado: "Texas, our Texas," de Gladys Yoakum Wright y William J. Marsh

Lema del estado: "Amistad"

Apodo: "Estado de la Estrella Solitaria"

Sello del estado: El lado de arriba fue adoptado en 1845; el reverso en 1961

Bandera del estado: Adoptada en 1839

Flor del estado: El "conejo," una especie de lupino

Pájaro del estado: Sinsonte

Árbol del estado: Nogal pacanero

Comida del estado: El chile

Grama del estado: "sideoats grass" (en latín: "Bouteloua Curtipéndula")

Pez del estado: El róbalo de Guadalupe

Piedra preciosa del estado: Topacio azul de Texas

Piedra del estado: Madera de palmera petrificada

Caracol del estado: Buccino

Algunos ríos: Río Grande, Red, Pecos, Brazos, Colorado, Sabine, Trinity, Guadalupe, Neches, Canadian

Algunas islas: Galveston, Padre, Matagorda, Mustang

Algunas cadenas montañosas: Guadalupe, Davis, Santiago, Chisos

Fauna silvestre: Ciervos, antílopes, gatos monteses, leones de montaña, coyotes, armadillos, castores, zarigüeyas, zorros, murciélagos, mapaches, caimanes, serpientes, sinsontes, patos, gansos, grullas, correcaminos y otras muchas especies de pájaros.

Productos industriales: Carnes y otros tipos de alimentos, químicos, refinería de petróleo, plásticos, aviones, instrumentos, pinturas, ropa, computadoras y otras maquinarias, barcos y botes, juguetes, artículos deportivos

Productos agrícolo-ganaderos: Ganado vacuno, caballos, ovejas, cerdos, cabras, pavos, pollos, algodón, sandías, arroz, maníes, pacanas, heno, toronjas, pepinos, naranjas, leche, remolacha azucarera, tomates, lechugas, miel

Productos mineros: Petróleo, gas natural, helio, uranio, piedra caliza

Productos pesqueros: Langostinos, cangrejos, ostras, pargos, truchas, pez roncador, rodaballo

Población: 16.986.510, tercero entre los estados más poblados (cifras de la Oficina del Censo de los Estados Unidos, 1990)

Ciudades principales (de acuerdo al Censo de 1990):

Houston	1.630.553	Fort Worth	447.619
Dallas	1.006.877	Arlington	261.721
San Antonio	935.933	Corpus Christi	257.453
El Paso	515.342	Lubbock	186.206
Austin	465.622		

Flores de "conejo"

Nogal pacanero
Armadillo

Historia de Texas

Estas esculturas de los héroes de El Álamo William Travis y Davy Crockett forman parte del San Antonio´s Alamo Monument

10.000 años antes de Cristo—Llegan a Texas sus primeros habitantes

1519—El español Alonso Álvarez de Piñeda realiza la primera exploración conocida de Texas

1528—Una nave española naufraga en la costa de Texas; sus cuatro sobrevivientes viajan por Texas durante unos años

1541—El español Francisco de Coronado pasa por Texas

1682—Se construyen las dos primeras misiones de Texas

1685—El francés René-Robert Cavalier, Sieur de La Salle, funda una colonia en la Costa del Golfo

1718—Se funda la misión hoy conocida como El Álamo

1772—San Antonio se convierte en el centro del gobierno español en Texas

1776—Los Estados Unidos se declaran independientes de Inglaterra

1813—El primer periódico de Texas, *Gaceta de Texas*, se imprime en Nacogdoches

1820—Moses Austin proyecta establecer una colonia americana en Texas

1821—México obtiene su independencia de España y se anexa a Texas; Stephen Austin trae los primeros colonos americanos

1835—Comienza la guerra por la independencia de Texas

1836—Texas se declara independiente de México; cae El Álamo; Sam Houston y sus fuerzas·ganan la batalla de San Jacinto; Texas obtiene su independencia de México; Sam Houston es elegido presidente de la República de Texas

1845—El 29 de diciembre, Texas se convierte en el estado vigésimo octavo

1861—Texas abandona la Unión y se une a la Confederación

1861-1865—Unos 50.000 tejanos sirven en el ejército de la Confederación

1865—Se libra la última batalla de la Guerra Civil, en Palmito Hill

1866—Comienzan los grandes arreos de ganado; se descubre petróleo

1870—Texas es readmitida en la Unión

1883—Abre en Austin la Universidad de Texas

1888—Se termina en Austin el capitolio

1900—Un huracán mata unas 7.000 personas en Galveston y sus alrededores

1901—Con un gran descubrimiento en Spindletop Hill, cerca de Beaúmont, comienza el auge petrolero.

1917-1918—Cuando los Estados Unidos entran en la Primera Guerra Mundial, más de 200.000 tejanos van a servir en ella

1925—Miriam "Ma" Ferguson se convierte en la primer gobernadora de Texas

1929-1939—La Gran Depresión provoca tiempos muy difíciles en Texas

1941-1945—Cuando los Estados Unidos entran en la Segunda Guerra Mundial, 750.000 tejanos sirven en ella

1947—Mueren unas 510 personas al explotar un barco en el puerto de Texas City

1953—Dwight D. Eisenhower se convierte en el trigésimo cuarto presidente del país

1963—El presidente John F. Kennedy es asesinado en Dallas el 22 de noviembre; Lyndon B. Johnson es nombrado trigésimo sexto presidente

1964—El Centro de Navegación Espacial Tripulada (luego llamado Johnson Space Center) abre sus puertas en Houston

1972—Bárbara Jordan, nacida en Houston, es la primera mujer negra sureña elegida a la Cámara de Representantes del Congreso de los Estados Unidos

1979—El 10 de abril, los tornados matan 42 personas en Wichita Falls y 11 en Vernon

1989—George Bush, quien fuera congresista por Texas, es elegido cuatrigésimo primer presidente del país.

1990—La población de Texas llega a 16.986.510 habitantes

La casa de Lyndon B. Johnson, en Johnson City

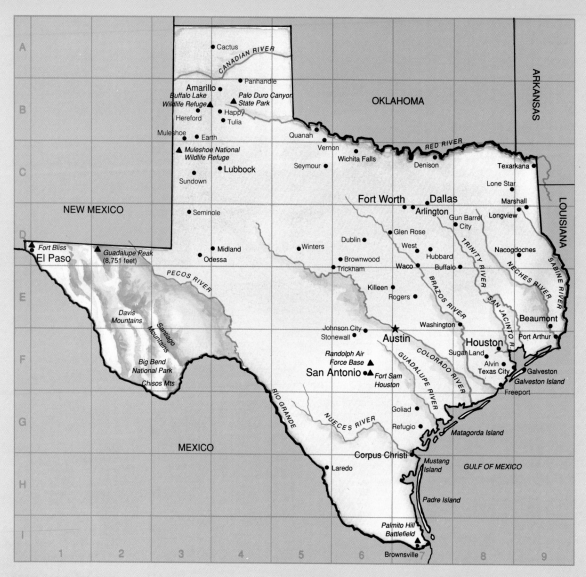

MAPA DE TEXAS

GLOSARIO

analfabetismo: Incapacidad para leer y escribir

anexado: Territorio agregado a un país

artificial: Hecho por el ser humano

asesinar: Matar a algún político o miembro del gobierno; generalmente mediante un ataque secreto o súbito

cañón: Un valle muy profundo, de bordes abruptos

capital: Ciudad sede del gobierno

capitolio: Edificio donde se reúne el gobierno

carrera de vallas: Carrera en la que los participantes deben saltar sobre diversos obstáculos

cirujano: Médico que lleva a cabo operaciones quirúrgicas

clima: Tiempo típico de una región

colonia: Asentamiento fuera del país de origen de sus habitantes; gobernado por el país materno

contaminación: Ensuciar el aire, el agua o el suelo

costa: Tierra que está junto a una gran extensión de agua

cráter: Agujero en el suelo producido por un objeto como un meteorito

derechos civiles: Los derechos del ciudadano

emancipación: Acto de liberar a la gente de la esclavitud u otra forma de control sobre su destino

esclavo: Persona que pertenece a otra persona

explorador: Persona que viaja a tierras desconocidas y las estudia

huracán: Gran tormenta que surge del océano y causa grandes daños en tierra firme

independencia: Liberación del control ajeno

integración: Unir las distintas razas humanas, tales como negros y blancos, en las mismas escuelas, barrios y empleos

jabalina: Espada liviana arrojada a la mayor distancia posible en atletismo

meteorito: Trozo de piedra o metal proveniente del espacio que suele producir un gran agujero cuando se estrella contra el suelo

millón: Mil veces mil (1.000.000)

misión: Asentamiento construído junto a una iglesia

monumento: Edificio o estatua que honra a una persona o celebra un acontecimiento famoso

petróleo: Nombre científico de la gasolina

pionero: Persona que se cuenta entre las primeras en instalarse en una región

población: Número de personas que vive en un lugar

puerto: Un lugar seguro junto a la costa, donde los barcos cargan y descargan lo que transportan

"ragtime": Un tipo de música vivaz y alegre que fue una de las raíces del jazz

rebelde: Persona que lucha contra su propio gobierno

rodeo: Reunión del ganado; fiesta en que los vaqueros y vaqueras exhiben su destreza

sequía: Período en el cual la cantidad de lluvia que cae en un área es mucho menor que la normal

tornado: Poderosa tormenta de viento que tiene forma de nube espiralada, terminada en embudo, y ocasiona grandes daños

FOTOGRAFÍAS:

ÍNDICE ALFABÉTICO

Los números de páginas en negrita indican las fotografías.

ACERCA DEL AUTOR:

Dennis Brindell Fradin es autor de 150 libros para niños. Entre los que hizo para Childrens Press figuran los de las series" "Young People´s Stories of Our States" ("Nuestros estados contados a los niños"), "Disaster!" ("¡Desastres!") y "Thirteen Colonies" ("Las trece colonias"). Dennis está casado con Judith Bloom Fradin, quien fuera maestra de inglés en escuelas y universidades, antes de convertirse en la principal recopiladora de informaciones para los libros de Dennis. Los Fradin tienen dos hijos, Anthony y Michael, y una hija, Diana. Dennis se graduó en Letras en 1967, en la Universidad de Northwestern, y desde entonces vive en Evaston, Illinois.